A. ELOY-VINCENT

LA CHATTE BORGNE

Déclaration des Droits de la Bête

NIMES
LIBRAIRIE JO. FABRE
Place du Marché

1923

À PARAITRE

A LA MÊME LIBRAIRIE

ROUMIEU. — *La Rampelado.* (Nouvelle édition avec décoration de pages par Eloy-Vincent).

Il sera fait un tirage de luxe comprenant 100 exemplaires numérotés, sur papier vergé d'Arches, avec nom du souscripteur, à Fr. 25 l'ex.

ELOY-VINCENT. — *Les roses du Cuastro Verde.*

BATISTO BONNET. — *Vie d'enfant* (Nouvelle édition couverture illustrée par M. R.)

JO. FABRE. — *Trois mélodies.* Couverture illustrée par Max Laspeyre.

ELOY-VINCENT. — *Pour arrêter le passant,* projets d'enseignes lithographiées et coloriées.

Tiré à 300 ex. numérotés.

Etc....

LA CHATTE BORGNE

A. SIOY-VINCENT

A. ELOY-VINCENT

LA CHATTE BORGNE

Déclaration des Droits de la Bête

NIMES
LIBRAIRIE JO. FABRE
Place du Marché

1922

« Pas de bête qui n'ait un reflet d'infini. »

VICTOR HUGO.

PRÉFACE.

Si je précisais au seuil de ce petit livre le but que je me suis proposé en l'écrivant, le lecteur n'y gagnerait que l'ennui de savoir où je le mène et, pour mon compte, j'aurais l'air d'un auteur qui craint d'être inintelligible.

Je me contente de remercier, au nom des bêtes, les quelques amis qui veulent bien s'intéresser à elles en ma compagnie.

A. E.-V.

EXPOSÉ DES MOTIFS.

I.

E dois beaucoup à la petite bête dont je vais raconter la courte existence. Voici comment :

Tout écrivain a dans un coin de la tête la pensée d'un ouvrage préféré qu'il remet toujours à plus tard en raison du soin qu'il compte y apporter. Cependant les notes s'accumulent jusqu'à devenir inutilisables à cause de leur nombre. Et le travail de classement qu'on prévoit retarde encore la réalisation.

Je songeais depuis longtemps à consacrer aux bêtes un livre où j'essaierais de démontrer que dans une République juste les bêtes comme les citoyens ont droit au bonheur compatible avec la vie telle qu'elle est donnée à tout ce qui naît et meurt sous le soleil. En somme, *les cahiers* des bêtes, suivi d'une « déclaration des droits de la bête » qui, premièrement me fournissait un beau titre.

J'entassais les notes dans ce sens, avec la confiante lenteur que justifie chez chacun de nous la conviction d'atteindre une extrême vieillesse. Ce n'est jamais peine perdue, même si l'ouvrage demeure à l'état de projet. Grâce à mon métier de journaliste, il m'arrivait, en effet, d'acrocher quelques-unes de ces notes à ma chronique du jour.

Ces articles, hâtivement écrits comme il convient, n'étaient pas remarquables et furent néanmoins remarqués à cause du sentiment qui les dictait. Ils me valurent notamment l'approbation d'un excellent homme, feu le député Lucien Millevoye, qui en prit texte pour m'offrir d'entrer dans le groupe de protection législative des animaux, honneur que je m'empressai d'accepter et qui compte parmi les bons souvenirs de quinze années de couloirs parlementaires.

II.

Je devrais par métier tirer mes principales émotions des chefs-d'œuvres de l'art qui sont des aspects supérieurs de la vie, et c'est la vie qui me frappe d'abord ; je me le reproche comme un manquement professionnel. De plus, ma mémoire se modelant sur ma nature, retient des impressions indignes d'être prises au sérieux et perd l'image de maintes œuvres réputées. Le pis est — et c'est là où j'en voulais venir — que les bêtes rencontrées en voyage se sont fixées nettement sur l'écran de mon souvenir d'où beaucoup de figures considérables ont totalement disparu. Il faut que je recourre à mes notes du moment pour retrouver mes sensations devant le retable de l'*agneau,* où l'art studieux et profond des Van Eyck s'exprime abondamment, tandis que je revois sans effort le chien dégingandé qui nous salua d'un balancement de queue à la porte d'un hôtel sur la place du Marché aux grains de Gand.

Le paysage du *Minnewater* de Bruges, dont la perfection est telle qu'on le croirait composé comme un tableau, s'associe, quand je l'évoque, aux gambades d'un caniche qui, sur le bord du canal, tourmentait un mendiant de ses témoignages d'affection.

Naples m'a laissé dans l'esprit le sourire doré de ses petits bronzes, la grâce de ses crépuscules alanguis sur la nappe opaline du golfe et, lorsque je songe à Naples, je vois luire au premier plan de mes souvenirs le regard anxieux et doux d'un petit chien qui nous suivait avec une obstination craintive sous les arbres de la Chiaja.

Florence, toute harmonie, m'a enrichi pour toujours d'images adorables et je ne sais comment il se peut que ce qui s'impose en relief soit la silhouette d'un chat boîteux qui nous demandait à manger dans le jardin d'une tratoria rustique, à la porte des Cascine, sous un plafond de roses de mai, dont les pétales humides de pluie tombaient dans nos assiettes.

Les blanches magnificences de Pise, la joie disciplinée des féeries de Benozzo Gozzoli ne m'ont pas fait oublier qu'en entrant au Campo-Santo on croirait entrer dans une armoire tant est étroite la porte de bois clair verni compliquée d'un tourniquet ; ni qu'un doux ivrogne grommelait son bonheur de vivre en longeant la petite église Santa Maria della Spina, ni qu'un citadin solitaire chantonnait en ouvrant la porte de son logis sous la caresse tiède et fine d'une belle nuit Pisane ; ni que les vieux assis au soleil de chaque côté de la porte du baptistère ont en eux quelque chose de la distinction paisible des petites villes toscanes.

Je m'ingénie à découvrir la raison du phénomène qui place les bêtes en avant de bon nombre d'œuvres d'art dans mes souvenirs de voyage et je me l'explique ainsi : Hors du milieu familier, parmi des gens qui parlent une autre langue et ne nous accordent qu'une attention méfiante, là où ce qu'on appelle la considération ne nous enveloppe plus d'une sorte d'ouate protectrice, on recherche instinctivement ce qui peut rassurer, ce qui rappelle la cité, la rue habituelle, le foyer ; et, comme les bêtes domestiques sont partout semblables à elles-mêmes, comme elles vivent ignorantes de la convention des frontières, ceux qui les aiment trouvent en elles le conseil de penser que le logis est partout où l'on s'arrête et le réconfort d'une sympathie qui n'obéit qu'aux lois naturelles.

III.

Le temps allait laissant choir en détail son faix de soucis, de joies brèves, de bouleversements profonds ; et le livre que j'estimais devoir aux bêtes s'épaississait matériellement sans jamais prendre forme, quand, vers les premiers jours du dernier décembre, apparut dans ma maison une petite chatte noire blessée, qui s'inscrivit aussitôt dans mon esprit sous la forme d'un titre : « La chatte borgne ».

Tout ensemble de faits qui procure une émotion est avant tout un titre pour l'homme qui écrit. Il y a une vingtaine d'années, Anatole France, à propos d'un manuscrit que je lui soumettais, eut la bonté de me signaler le danger d'un titre sans relief. Depuis j'ai rarement commis la faute de différer la recherche d'un titre jusqu'à l'achèvement d'un travail. L'expérience m'a démontré, du reste, qu'il est toujours difficile de tirer d'un travail achevé le talisman d'un bon titre, tandis qu'un titre heureux apporte presque toujours avec lui un heureux développement.

Encore faut-il savoir à quoi l'on peut distinguer un bon titre d'un titre médiocre ou franchement mauvais. Le bon titre est celui qui laisse entrevoir mille éléments d'intérêt et n'en précise aucun, au contraire du mauvais titre qui, précisant tout en quelques mots très nets, dispenserait à peu près de lire l'ouvrage.

J'avais donc un bon titre : « La chatte borgne ». Restait à écrire au-dessous. Mais quoi ? Simplement l'histoire de la petite bête qui me le procurait et, à cette occasion, un résumé du livre que je traîne dans la tête depuis tant d'années.

Voilà pourquoi je dois beaucoup à ma petite chatte borgne.

IV.

J'avais encore une raison pour me mettre au travail. Noël approchait ; et j'ai accoutumé de ne jamais laisser passer Noël sans contribuer par quelque acte de mon métier à l'acheminement vers l'universelle bonté.

Je n'y ai aucun mérite. Noël est le temps des heures abritées près d'un feu clair. La conscience d'un bonheur paisible mène doucement à penser aux errants en détresse dans le froid de la nuit, aux êtres incertains de la bonne intention d'une route, aux chiens sans maître, *va-cou-nus* décharnés en quête d'un os. Ce contraste, qui rend la chaleur meilleure, éveille la pitié, laquelle se transforme chez l'écrivain en écriture.

Quoi qu'il en soit, Noël, fête de la tendresse et du foyer dont on a fait une nuit de pesante ripaille, m'a toujours offert le prétexte d'un effort de bonté dans le seul domaine où je puisse quelque chose, celui de l'écriture ou du dessin.

Pour commencer je note ici une émotion éprouvée dans la nuit de Noël, l'an dernier.

Elle était douce et claire. Je descendais vers la ville par la petite rue de la Porte-d'Alais où j'étais seul. Une lueur dorée, discrète et fine, m'attira. Elle emplissait la vitrine rustique d'une de ces petites épiceries de faubourg où l'on vend de la ficelle et des anchois, des boules de gomme et du bleu de blanchisseuse, du cirage et du saucisson, du pétrole et du sucre d'orge, des légumes secs et des biscuits desséchés.

Dans cette vitrine exigue, vidée de son contenu coutumier, on avait aménagé une crêche dont les murs étaient faits de ce gros papier, d'un jaune robuste, qui sert à envelopper les denrées alimentaires. Le chaume du toit était figuré par ces manchons de paille dont on entoure les bouteilles. Du coin où reposait le nouveau-né descendait, disposée et voilée avec art, la lumière qui m'avait attiré. C'était une ampoule électrique couleur de safran dont l'éclat adouci caressait des mages et des bergers en terre cuite, parmi des bêtes en bois, charmantes en leur raideur naïve.

Cette crêche, faite de si peu de choses et de tant d'ingénieuse simplicité, répandait dans l'obscurité et la solitude de la rue le bienfait d'une émotion tendrement exprimée, la grâce d'une piété artiste à force de sincérité ingénue. Elle n'était pas là pour qu'on l'admirât, puisqu'il ne passe à peu près personne la nuit dans cette rue qui mène aux garrigues. C'était une humble et touchante offrande à l'enfant Jésus de la consolante légende.

Je m'y suis arrêté longtemps pour le plaisir que j'y prenais et pour rendre un hommage anonyme à l'artisan ignoré de ce discret chef-d'œuvre d'art populaire, imitateur sans le savoir de l'art profond en sa piété naïve des premiers Trecentistes.

J'éprouve à ressusciter cette impression le sentiment chaleureux et paisible qui nous emplit l'âme près des foyers affectueux où des êtres assemblés sont en sécurité. Et c'est au fond la raison qui me pousse à retracer ici ce tableautin sans rapport visible avec ma chatte borgne. Mon excuse est que je ne suis pas sous les yeux d'un public assemblé pour goûter une œuvre dont la première condition d'intérêt est l'unité, mais sous le regard d'un lecteur solitaire, conduit par sa méditation fort loin de ce que je lui dis et qui ne peut me faire grief de m'arrêter au premier tournant de la route.

Cependant j'aurais tort d'abuser d'une liberté que je tiens de moi seul et c'est ici que commence l'histoire de ma chatte borgne.

L'OPINION S'AFFLIGE.

I.

Ma femme l'avait trouvée miaulant de douleur et de détresse au creux d'un mur dans la rue Rangueil. Son œil droit était hors de l'orbite et couvert d'une croûte boueuse qui en augmentait la difformité. Des passantes loquaces s'apitoyaient quelques minutes et s'en allaient. La pauvre bête accroupie et plaintive gardait l'immobilité résignée des êtres qui se sentent voués à des cruautés inconnues.

Le parti le plus raisonnable était de laisser cette petite bête mutilée achever dans la souffrance une existence si douloureusement commencée. Mais entre la raison commune et la raison épurée il y a un monde d'observation patiente et d'émotion analysée. Ma femme a emporté la chatte borgne.

En rentrant j'ai trouvé cette petite bête noire savourant en silence près du feu une quiétude inattendue.

– Oui, pauvre bête, tu es en sûreté. Personne ici ne multipliera tes souffrances sous prétexte qu'une hypocrite charité conseille de t'achever. Tout être désemparé qu'on accueille dans la demeure est sacré puisqu'il met ce qui lui reste d'espoir dans ceux qui l'ont recueilli. Nous devons tenir vis-à-vis de toi le rôle d'infinie bonté que les croyants assignent à la Providence. C'est un petit devoir qui s'ajoute à tous les devoirs quotidiens et nous l'assumons de bon cœur parce que, à notre sentiment, tout ce qui souffre a une âme.

Ce disant, je l'ai caressée avec précaution. Alors cette loque douloureuse a ronronné et j'ai pris ce miracle comme une récompense.

II.

Pendant que j'examinais l'œil détruit, l'œil sain, clair et doré, me fixait avec une expression humaine, puisqu'il est entendu que l'humanité seule est intelligemment sensible. Comparant cette merveille expressive et la difformité hideuse qui remplaçait l'autre œil, je me disais que le hasard est sans excuse.

Au fait, était-ce le hasard ou quelque consciente cruauté ?... A quoi bon le savoir ? Un mal dont on sait la cause, un méfait dont on connait l'auteur en sont-ils plus aisément réparables ? Quelle vanité que le châtiment qui ajoute un mal nouveau au mal accompli !

Maintenant, il s'agissait de soigner une plaie, et mon embarras était grand d'avoir appris dans ma vie déjà longue tant de choses inutiles, au lieu d'acquérir les connaissances essentielles que possède un berger. Ne pouvant mieux faire j'ai lavé la plaie à l'eau bouillie.

Au premier contact du coton la bête

blessée me retenait la main de ses deux pattes adoucies et jointes comme pour supplier. Puis elle s'apaisait, docile, comprenant la raison de mon acte ; sinon pourquoi se serait-elle obstinée tout le temps qu'elle a vécu à se réfugier vers moi dès qu'elle me voyait immobile ?

Voilà bien de l'écriture pour un insignifiant incident de la vie familière ; et j'en serais inquiet si j'étais de ceux qui soumettent leurs émotions au contrôle de l'opinion courante. Les verres dont chacun de nous dispose déterminent les dimensions des choses. Ceux qui, pareils au verre de vitre, ne grandissent rien sont en plus grand nombre. C'est probablement leur ensemble qu'on appelle le sens commun. Où est la vérité ? Qui me soutiendra que l'agonie d'une rose dans mon jardin compte moins dans l'ordre universel que la mort d'un inconnu au-delà de mon horizon ?

L'exquis philosophe Louis Ménard pose une question du même genre dans sa « lettre au mandarin » : « Prétendra-t-on qu'aux yeux de l'éternelle justice Néron est plus élevé dans l'échelle des êtres que mon bon chien qui me défend et donnerait sa vie pour moi ? »

C'est lui aussi qui a écrit :

« Toute souffrance injuste est un crime de Dieu... Ce n'est pas le péché qui accuse la Providence, puisqu'il est notre œuvre ; ce n'est pas même la douleur d'un homme, qui n'est qu'une épreuve pour son courage, comme l'ont dit si bien les stoïciens : c'est la douleur des êtres inconscients et impeccables, des animaux et des enfants. »

III.

— Vous êtes bien aventureux, pour employer un terme inoffensif, de prétendre nous apitoyer sur les bêtes au lendemain de la guerre qui nous a pris tant de braves gens !

Ainsi me parle M. Tout-le-Monde devant qui j'ai l'étourderie de penser à haute voix. Je me réveille de mon rêve laborieux et j'entends en écho ce qui vient de m'être dit. Il y faut une réponse, sous peine de paraître impoli.

— Vous avez raison, M. Tout-le-Monde. Il y a des disproportions qu'il faut éviter et des rappels au devoir qui sont légitimes....

Je n'ai pas à aller plus loin, car

M. Tout-le-Monde a disparu, pressé de porter un peu partout ses admonitions et ses sentences.

Voici une dame en visite qui va nous faire de la morale. Je transcris non pas les mots qu'elle prononce, mais ceux qu'elle pense.

— Votre enfantillage me fait pitié. On voit bien que vous n'avez ni enfants, ni soucis et que votre bonne ne vous donne aucun sujet de mécontentement. Ne racontez pas que vous avez recueilli et soigné sérieusement un petit chat blessé, vous seriez risibles. Du reste j'y suffirai bien.

Sur le même mode intérieur je réponds :

— Il est vrai que nous n'avons pas d'enfants ; ainsi nous ne sommes pas dans la nécessité d'être irréprochables devant de jeunes consciences. Vous en avez un et peut-être que s'il plumait un pigeon vivant, comme font les enfants chinois vous l'excuseriez en disant : « Il faut bien qu'un enfant s'amuse ». Personne ne peut vous reprocher l'exclusivisme de votre maternelle faiblesse, mais il n'empêche que la seule égalité réelle, celle de toutes les créatures devant la souffrance, suppose une parfaite unité de pitié chez tous les êtres pensants. Quant à notre bonne, ses négligences ne nous affligent point, parce que nous avons la prudence de nous placer à son point de vue au lieu de nous maintenir aigrement au nôtre. Enfin vous pouvez sans remords médire de nous ou de quiconque, car la médisance n'est souvent à son insu qu'un acte de légitimes représailles. Je suis sûr que vous êtes cartésienne, c'est-à-dire que vous tenez les bêtes pour des mécaniques dénuées de pensée. Mais depuis Descartes, les philosophes et les physiologistes ont pris la peine superflue de détruire au seul nom de la science, hors de toute préoccupation sentimentale, cette déplorable théorie. Darwin est même allé jusqu'à prétendre que le sens de la beauté n'est pas étranger à certaines espèces d'animaux. Il faut bien que vous teniez son avis pour supérieur au vôtre, crainte de vous montrer déraisonnable en opposant à sa vaste science votre instinctif sens commun. Et si, par impossible, vous êtes insensible à la beauté, comment faites-vous pour mépriser les bêtes qui, selon Darwin, la discernent ? Savez-vous, d'autre part, que quelques années avant la guerre l'édilité parisienne autorisa la Société protectrice des animaux à placer sur la voix publique des écriteaux conseillant aux passants d'être bons pour les bêtes et que, vers le même temps, le Législateur essayait de modifier dans un sens plus favorable aux animaux les lois qui régissent leurs rapports avec l'homme ? Aurez-vous l'irrévérence d'assimiler les édiles parisiens et les députés à de vieilles filles maniaques ? — J'ai peur que vous ne confondiez la bonté avec les ridicules de certains oisifs pour qui la bête est premièrement une propriété qu'il faut choyer en dépit de l'équité, des convenances et du bon sens. Ce sont ces ridicules perfidement exploités contre les animaux qui les font haïr des gens irréfléchis. Et la première preuve d'affection qu'on leur puisse donner est d'éviter que quelqu'un autour de nous ne soit incommodé de leur présence. C'est ce que nous faisons de notre mieux.

Voilà ce que j'ai répondu aux propos informulés de cette dame en visite.

PROPOS AU COIN DU FEU.

I.

LE vent nocturne de décembre hurle et siffle dans les lauriers et le cyprès de mon jardin. J'écris près du feu après avoir pansé ma petite chatte borgne et l'avoir installée ronronnante sur un tabouret tout près de moi.

La vieille chatte blanche tachée de jaune et de brun qui s'est donnée à nous l'hiver passé est accroupie tête basse à côté de mes notes comme si je les lui avait données à garder. Que pense-t-elle des soins que je donne à sa semblable ? Quel dommage de ne pouvoir le lire dans ses vastes prunelles vertes qui regardent au-delà de ce que perçoivent nos sens !

C'est une bête grave, pensive et fantasque. Elle a sur les joues cette longue ride perpendiculaire creusée sur les visages humains par des années de méditation inquiète. J'aime son air de dédain pour mon travail. Je traduis ainsi son attitude et son regard :

« De quoi t'embarrasses-tu ? Contente-toi de penser que deux pouvoirs supérieurs sont en présence : La Nature, qui s'occupe uniquement de donner la vie, et le Hasard, qui altère et détruit, selon des lois de compensation que vous ne déchiffrerez jamais, car toute votre science, qui vous laisse stupide devant le mystère impénétré du germe, ne vous sert qu'à trembler d'angoisse à l'idée d'Infini. De sorte que le seul parti raisonnable est l'impassibilité. »

Sans doute, ma vieille chatte sybilline. Mais alors pourquoi as-tu renoncé à venir à ma rencontre le soir jusqu'au fond de la rue et n'acceptes-tu qu'à contre-cœur la caresse de ma main, depuis que ta compagne infirme est entrée dans ce logis ? La contradiction du sentiment et de l'expression serait-elle commune à l'homme et à la bête ?

... J'oubliais qu'il ne s'agit pas de ce

qu'elle pense réellement mais des sentiments que je lui prête.

Quant à mon chat noir qui ressemble avec sa collerette blanche au Pierrot de mon confrère Willette, je ne connais pas de bête qui donne aussi complètement l'impression de vivre hors du cercle de notre influence. Il ne prend de nos habitudes que ce qu'elles ont de commode pour lui. Ses yeux sont tantôt deux lumières rondes splendides, tantôt deux longues fentes illuminées dont la flamme intérieure refuse toute rencontre avec le rayon de notre regard. Je lui sais gré de garder son secret et d'être au foyer un petit dieu énigmatique comparable, quoique visible, à ceux qui font craquer les meubles dans le silence propice au travail. Il a accepté l'intrusion de ma chatte borgne comme le résultat inévitable de cet enchaînement de manifestations et de phénomènes que nous appelons la vie.

Et voici mon chien qui, les deux pattes de devant sur mes genoux, me regarde ardemment. Je ne comprends pas son langage inarticulé et il s'en étonne parce qu'il voit son maître sous les traits de la suprême intelligence.

C'est, j'imagine, dans une circonstance semblable que Montaigne écrivait en parlant des bêtes :

« C'est à deviner à qui est la faulte de ne nous entendre point ; car nous ne les entendons pas plus qu'elles nous. Par cette même raison elles nous peuvent estimer bêtes comme nous les en estimons. »

C'est à deviner, en effet, et non à trancher, la loi de mutisme étant inflexible pour les bêtes et le sens de dédoublement inexistant en nous, dévorés que nous sommes par la frénésie du « moi ».

Un écrivain d'esprit très supérieur qui se donnait un mal inouï pour mériter les railleries de la foule, Joséphin Péladan, a découvert dans les manuscrits du plus réfléchi des grands artistes, Léonard de Vinci, cette opinion que l'homme et l'animal sont proprement des conduits pour la nourriture. Anatole France ne pense pas autrement quand il se représente l'humanité comme une vermine terrestre. C'est nous ramener tous, hommes, bêtes et végétaux, à la fonction de cellules et à l'unique mission de vivre.

De ce point de vue, il est sensible que la nature a reculé devant l'effort d'une numération rigoureuse des espèces et préféré s'en tenir au hasard du combat, donnant à chaque catégorie une arme de défense, soit la rapidité à la faible gazelle et l'aspect de fond de gravier à certains poissons inoffensifs. L'homme a reçu pour armes le pouvoir de comprendre et la conscience de ce pouvoir, au demeurant le privilège d'attaquer non-seulement les bêtes et les plantes, mais l'homme lui-même. Nous en sommes très fiers mais nous n'en demeurons pas moins des conduits pour la nourriture, condamnés à nous demander perpétuellement : Existons-nous pour alimenter notre tube digestif, et alors pourquoi ce tube digestif ? Ou notre tube digestif existe-t-il pour que nous puissions exercer une action élevée, et alors quelle action ?

Vraisemblablement une action de

discipline. En nous accordant l'arme la plus puissante la nature semble s'être déchargée sur nous du soin d'administrer et de répartir les cellules moins bien armées.

Le ferons-nous dans un esprit de tyrannie brutale ou dans un sentiment de bonté raisonnée ? Tout est là ! Mais ne perdons pas de vue que la nature n'est pas plus éblouie par nos facultés qui viennent d'elle que par la vivante harmonie colorée d'un papillon ou l'éclat suave d'une fleur ; et décidons-nous à regarder les animaux autrement que comme des hommes stupides enfermés dans un corps différent du nôtre.

Peut-être qu'à force d'observation patiente et par vif désir assidûment alimenté nous pourrions nous dégager un instant des conceptions qui nous sont propres et voir avec les yeux d'un animal. Quand j'ai tâché d'y parvenir, les impressions ainsi perçues comme en rêve ressemblaient étrangement à celles de la toute première enfance, alors que les objets nous frappent seulement par leur forme et leur couleur, leur signification et leur utilité étant encore à l'état d'énigmes. Je ne vois guère parmi les écrivains que Colette et Jack London qui aient fait effort dans ce sens et je considère *White Fang* du second comme un roman tout neuf.

II.

Mon chien que je ne comprends pas toujours est loin, malgré Montaigne, d'estimer bête le maître qui peut le nourrir et sait allumer du feu. Il ne me juge point et s'estime heureux d'être mon ombre pourvue d'une existence physiologique distincte et du droit personnel de se mouvoir. Aussi ne sais-je rien de plus lamentable qu'un chien sans maître si ce n'est un vieillard sans abri.

Mes compagnons nocturnes et moi nous regardons flamber les bûches. Sous nos yeux des drames se nouent dans le rouge nuancé des braises. Au-dessus de leur amas éclatant, une bûche noire qu'un fragile équilibre tient éloignée des flammes, a l'air de songer. Je discerne une foule de petits travaux sournois qui la menacent. Ici et là des frémissements bleus sont comme des ennemis aux aguets. Toutes les forces de la flamme se concertent et se tendent vers l'aliment qui tarde à choir. Un moment tout s'apaise comme s'il y avait de la réflexion dans le peuple pétillant des flammèches. Et tout à coup la bûche s'affaisse dans le brasier. Une ruse dernière en a eu raison. Alors, comme en triomphe, cent diablotins lumineux enlacent la bûche effondrée, la lèchent, la piétinent et la dévorent.

Son agonie forme des paysages profonds et tourmentés où chantent tous les tons du rouge. Comme si j'y marchais réellement, mes yeux y suivent des chemins accidentés, pleins de mystères, menant vers des futaies pourpres dont le faîte étincelle dans la magnificence d'un étrange couchant. Une silhouette de ville démantelée apparaît au mystérieux lointain. Mes bêtes y voient probablement s'agiter d'innombrables petits fantômes, car leurs yeux obstinément fixés sur le miracle de la flamme luisent de ravissement.

Puisque la nuit d'hiver gémit comme une démente inconsolable à notre porte, puisque nctre feu bienfaisant nous offre tant de captivants horizons, utilisons honnêtement la quiétude où nous sommes. Nous allons refaire ensemble la « supplique des animaux de la crèche » que j'ai publiée voilà longtemps dans un journal illustré.

SUPPLIQUE AUX HUMAINS INHUMAINS.

I.

MAITRES, Noël est proche. Nous vous apportons nos hommages et nos vœux.

Nous sommes comme vous, les uns heureux, les autres malheureux. Mais tandis que votre sort dépend à la fois de vous-même et des dieux, le nôtre ne dépend que de vous.

Les Dieux vous traitent sans équité ni logique. De même vous nous traitez bien ou mal sans raison. Ainsi vous représentez pour nous la Fatalité. Les dieux font ce qu'ils veulent hors de la portée de vos regards et de votre voix. Mais vous qui pouvez être uniformément bons selon la raison, pourquoi nous traiter méchamment ?

Ne nous faites pas de mal inutilement.

Donnez-nous un bon regard quand notre humble affection vous réconforte.

Ne poussez pas vos enfants à nous tourmenter par jeu. Persuadés que leur amusement passe avant tout ils vous feront souffrir sans remords un jour.

Evitez de nous aimer comme font certains d'entre vous, stupidement attendris devant les bêtes qu'ils possèdent, et durs à toutes les autres. Cette forme d'affection n'est qu'égoïsme, puisque c'est toujours eux qu'ils aiment dans les bêtes du logis.

Paysans qui nous estimez pour notre labeur productif et nous jetez un regard de reproche à l'heure de notre repas, si vous ne pouvez être aimables, montrez-vous simplement prudents à l'égard de vos collaborateurs soumis. Accordez-leur honnêtement la part de nourriture qui permet de renouveler l'effort.

Maîtres, ne nous assassinez pas sans pitié si la vieillesse ou la maladie nous enlaidissent. Usés, nous avons bien mérité quelques douces journées de fidélité contemplative ; malades, où pouvons-nous chercher un adoucissement à notre misère, si ce n'est près de vous pour qui et par qui nous avons toujours agi.

Ne nous dédaignez pas, ce serait vous décerner à vous-mêmes un certificat d'insuffisante culture et de bassesse d'âme. Depuis Montaigne, qui réclama « pour tout ce qui a vie », La Fontaine, Victor Hugo, Alfred de Vigny, Lamartine, Théophile Gauthier, Anatole France, Edmond Haraucourt, Edmond Rostand, Bonnard... tous les poètes nous ont donné un petit coin tiède de leur âme à cause de notre humilité, de notre faiblesse et de notre inaltérable confiance. Même une année l'Académie Goncourt a décerné son prix à M. Pergaud non pour sa forme littéraire, mais pour ce qu'il y a d'émouvant dans l'amour qu'il nous a témoigné.

Nous pourrions multiplier les lignes de cette supplique, nous qui avons tant à dire et ne parlons pas. Mais nous sommes sages et connaissons que la concision dans la doléance est la plus précieuse qualité des humbles quand ils s'adressent aux puissants.

Au nom des bêtes,

Signé : L'ANE.

Voilà. Nous venons de rédiger en raccourci, ô mes silencieux compagnons nocturnes, la déclaration des droits de la bête. Cette nuit n'a pas été perdue, n'en doutez pas, car on lira notre travail soit par sympathie, soit pour en rire.

LE REFUGE.

I.

La hideur de ma chatte borgne s'atténue. Son profil devient normal. L'œil crevé se dessèche et forme un petit rond jaune où je crois voir par instant un vestige de lueur irisée. Toutefois je reste inquiet, ne sachant par quelle précaution on peut préserver l'œil sain. C'est bien assez que cette petite bête qui souffre sans savoir pourquoi soit condamnée par surcroît, sans savoir par qui, à ne regarder la vie qu'à demi, alors qu'elle était organisée comme ses pareilles pour s'en rassasier pleinement.

Quelqu'un pour qui les propos usagés sont les meilleurs parce qu'ils dispensent d'effort, me demande si j'aurais la même sollicitude pour une créature humaine dans le même cas.

— Oui, mon ami, j'agirais de même parce que dans un humain torturé je ne vois plus qu'une bête meurtrie. La douleur commune à tout ce qui vit humanise la bête et réduit l'homme à l'état de nature.

Entre les deux pourtant il existe, à mon sens, une nuance favorable à la bête ; mon prochain cherche, la douleur apaisée, quel bénéfice j'attends de ma bonne action. Sa gratitude part de l'arrière-cœur. Les remerciements que je lis dans l'œil de ma chatte borgne montent directement du cœur. Aussi m'occupai-je d'elle par pure sympathie et de mon prochain pour mériter ma propre estime.

A tout prendre, la pensée qui est le suprême bien est également l'origine de notre imperfection. J'entends ici par pensée le pouvoir de raisonner. C'est, en effet, de cette forme de pensée sans émotion que découle la plus détestable chose qui soit : le calcul, grâce à quoi l'homme de bien compte encore plus d'ennemis que l'insociable égoïste. Lesquels ?... Tous ceux qui n'ont pas obtenu de lui les avantages qu'ils prétendaient en tirer.

Le moraliste Joubert enferma la mansuétude de sa philosophie dans cette pensée : « Si mon ami est borgne, je le regarde de profil. » J'ai toujours eu envie d'ajouter : Du côté de l'œil absent, bien entendu. Pourquoi me ferais-je meilleur que je ne suis, moi qui professe que la première qualité d'un écrivain est la sincérité ? Est-ce ma faute ? Combien d'années de confiance ingénue m'a-t-il fallu pour arriver à la méfiance indulgente où je suis ?

De plus il y a dans mon cas, qui est celui de beaucoup d'autres, l'effarement philosophique issu de la guerre.

Ceux de ma génération étaient aux premiers jours de leur automne quand l'effroyable coup de hache s'est abattu coupant en deux l'histoire de l'humanité et leur vie. Après la catalepsie des premières heures ils ont dû commencer une toute nouvelle existence au moment même où ils s'organisaient dans les sûretés de l'ancienne et s'accoutumaient à l'idée d'un proche déclin. Un grand trouble s'en est suivi et ils ont cherché d'instinct un refuge dans leur passion prédominante. La plupart ont choisi l'argent, qui s'accommode d'une intellectualité médiocre et d'une sensibilité nulle. D'autres se sont tournés vers le savoir, consolateur paisible et sûr de qui nulle déception ne peut venir. Peu familiarisé avec l'argent, ce travailleur improductif, mal préparé par mon métier de journaliste et par mes distractions de peintre aux patients repliements de l'érudition, j'ai confié à la nature le soin de rassurer ma philosophie.

Voilà comment j'ai réparé les ravages de l'immense déception où vient de s'anéantir la confiance dans l'adhésion de tous au pacte d'harmonie universelle. Par la vertu du décor vivant où nous respirons j'évite la desséchante obligation de reconnaître pour exacte cette apostrophe philosophique que Louis Ménard met dans la bouche du diable : « ...Vous n'êtes rien que des formes changeantes et passagères comme les vagues de l'Océan, qui ont sur vous l'avantage de ne pas se croire quelque chose. »

Qu'est-ce que les mouvements d'ensemble de la douleur et de la joie sous le regard de l'éternité ? Quel pieux écho a recueilli pour les répercuter infiniment les cris des victimes de la loi des hommes dans les profondeurs de l'histoire ? Où s'en est allé le vent qui répandit la poussière de ces victimes dans l'étendue de la terre et de la vaste mer ?

Dans tout ce que distinguent nos yeux, lanternes projectrices de notre intelligence limitée aux effets, prenons ce qui est immédiatement à notre portée, la parcelle animale ou végétale sur quoi notre pouvoir de bienfaisance peut efficacement s'exercer. Et je traite ma chatte borgne avec une affectueuse attention pour tâcher de conserver à la vie une petite étincelle que la vie alluma.

II.

Si j'étais voué par ma flamme intérieure aux recherches scientifiques, je sens bien que je m'enfermerais dans le même parti-pris philosophique et m'attacherais à découvrir, par exemple, le secret lumineux de la luciole.

Je souhaiterais de m'expliquer comment, tandis que nos inventeurs ne transforment en pouvoir éclairant qu'une faible partie de l'énergie mécaniquement créée, le reste se perdant en chaleur, le ver luisant convertit en lueur la totalité de son énergie.

Réflexion faite, j'ai peine à croire que ce problème séduisant ait échappé à la myopie interrogatrice des savants. A coup sûr c'est naïveté pure et profonde ignorance de ma part que d'en parler comme d'une trouvaille. Les gens de science vont me regarder comme j'ai regardé un jour un vieux peintre de mes amis.

Depuis très longtemps il s'acharnait, dans le rond doré de la lampe familiale, à établir par des moyens de mécanique élémentaire un mouvement qui devait trouver en soi le renouvellement constant de son énergie initiale.

Dans la pensée du vieil artiste il n'était pas question de résoudre le plus formidable des problèmes proposés à l'intelligence des hommes, mais seulement d'actionner une fois pour toutes un petit cheval de bois qui complétait la minuscule reproduction d'un vieux puits à roue de la campagne montpelliéraine.

Je l'ai bien étonné en lui faisant remarquer qu'il s'attaquait tout bonnement au mouvement perpétuel. Mais j'ai bien vu qu'il était encore plus surpris de ne pouvoir venir à bout d'une donnée si simple.

N'étant pas plus savant que lui, je

puis converser en toute ingénuité avec la nature pour la joie de l'admirer et de la traduire autant qu'il m'est possible. Que j'en dégage une leçon de bonté avec quelques douces raisons d'aimer la vie, mon ambition est satisfaite.

III.

Oui ; mais c'est perdre de gaîté de cœur l'intérêt du spectacle social, du jeu complexe et divers des passions humaines.

Complexes... Divers... Ce sont des mots. En fait la monotonie de ce spectacle me rebute. Deux causes, ni plus ni moins, l'avidité et la luxure, engendrent depuis toujours les mêmes effets et n'en pourront jamais provoquer d'inattendus, même si l'humanité se mettait à marcher la tête en bas. Pour prendre goût parfois aux extravagances ressassées d'un homme et d'une femme avides de leurs corps, il faut que je fasse intervenir en moi la force d'une vieille habitude et que je rencontre chez l'écrivain qui les peint un indéniable talent.

Certes je ne suis pas sans savoir que ces extravagances comportent en certains cas des souffrances profondes et peuvent s'ennoblir de véritable amour. Mais même alors la part de l'artifice est si considérable qu'il m'arrive presque toujours de murmurer en refermant le livre : Quel beau bruit pour si peu...

Alternativement mêlé à l'aigre foule des humbles, aux hargneux va-et-vient des puissants, je puis, sans sourire de moi-même, me flatter d'avoir observé toutes les hypocrites combinaisons, tous les tristes phénomènes sociaux enfantés par l'ambition et la cupidité. L'intérêt de cela, si tant est qu'il m'en reste à prendre, ne réside plus que dans la variété des oripeaux, infiniment plus limitée que la palette de la Nature. Commenter à jamais des gestes de rapine communs à tous les hommes qui ont vécu, vivent et vivront, quelle désolante perspective ! Soignons les yeux de ma chatte borgne.

QUIÉTUDES
ET INQUIÉTUDES.

I.

ELLE ne joue pas. Sent-elle confusément l'injustice de son sort ? Ne peut-elle se libérer de l'obsession douloureuse ?

Le ravissement des éveils résulte du premier contact des sens avec les formes et les clartés mouvantes. Or la souffrance qui est tout intérieure attire au dedans les facultés attentives et paralyse le désir inné d'expansion. A supposer que ma chatte borgne vive et se développe, elle aura passé sans jouer la seule période de la vie propice aux gambades insouciantes. Quoi qu'il arrive elle n'aura pas eu sa part. Comme elle, d'innombrables êtres, saisis par le malheur dès leur apparition à la lumière, connaissent les effets du même inexorable illogisme.

Car enfin qu'est-ce que ma chatte borgne sinon l'incarnation, à portée de mon agissante pitié, de toutes les souffrances innocentes, de toutes les faiblesses en butte soit à la brutalité, soit à la sottise, soit à l'indifférence, soit à toutes ces laides choses ensemble.

Je n'essaie pas de l'exciter au jeu. Ce serait involontaire barbarie. L'impression que j'en ai est d'autant plus triste en sa pénétrante ténuité qu'il n'est pas une bête mieux faite pour jouer qu'un jeune chat. La précision souple et fine, l'esprit purement plastique de ses mouvements sont la joie des yeux et la récréation de la pensée. Un jeune chat qui ne joue pas est marqué, j'en ai peur, pour une prompte mort, car il contrarie l'enchaînement des harmonies latentes et, par la faute de ce que Lessing appelait l'éternelle sagesse, n'a plus de raison d'être.

C'est le premier jeune chat que je vois enfermé dans un rêve triste.

Par contraste le souvenir me revient d'un petit chat doré que j'amusais avec une boule de papier au bout d'une ficelle. J'admirais son attention sournoise et les visibles efforts qu'il faisait pour se persuader qu'il avait un ennemi à combattre.

Dans les hasards du jeu il passa tout près d'un gros morceau de papier froissé qui traînait à terre. En l'apercevant il eut un soubresaut peureux qui d'abord me fit rire, puis réfléchir. Dans cette boule de papier puissamment assise sur le sol mon petit chat voyait certainement le frère aîné du petit morceau qu'il malmenait et, redoutant des représailles, il reculait terrifié. L'instinct venait de dévoiler à cette bête que les êtres de même race se défendent mutuellement dès qu'ils cessent de se déchirer entre eux.

Ma chatte borgne n'a pas la joie de ces peurs enfantines. Lentement elle se met à marcher dans le soleil qui fait scintiller la pointe fragile des fines branches d'hiver. Elle flaire l'air doucement à croire qu'elle y cherche l'odeur du printemps qui viendra bientôt, afin d'en connaître au moins l'odorante promesse.

La clarté du soleil possède une vertu profonde et puissante, car ma chatte borgne rencontrant sur son chemin un de ces diaphanes iris de décembre dont le bleu délicat est le sourire des jardins glacés, esquisse un geste joueur de la patte vers la fleur balancée par un souffle ; mais si timide, ce geste, celui d'un enfant pauvre à qui l'on a défendu de jouer dans un parc somptueux qu'il traverse...

— Joue, pauvre bête. Toi et cet iris frileux, vous êtes faits pour vous consoler, car vous êtes deux éphémères. Il sera foulé par le pas d'un de ces humains que le souci de leur fortune empêche de regarder la vie qui respire et brille, et toi, privée du regard magique et sûr qui est la richesse essentielle des bêtes de ta race, tu ne seras bientôt peut-être que le souvenir d'une humble souffrance abritée quelques jours à peine dans la paix de ma maison.

II.

Vivre sans souci est le meilleur moyen de ne trouver aucune saveur à la vie. J'en parle de sentiment, n'ayant pas souvenir d'un seul jour exempt de contrariété. Nous en sommes tous là. Depuis la naissance du monde la créature a lieu de gémir soit par la faute d'autrui, soit par sa propre faute, et gémit abondamment. Mais que je me nuise à moi-même ou qu'on me nuise, l'ennui que j'en éprouve ne va jamais sans l'avantage du point de comparaison qui permet de mieux goûter les heures claires.

Ma chatte borgne qui, elle, n'y entend pas malice, est un sujet de souci qui me soustrait à l'affadissante ataraxie. Par elle j'ai sans cesse dans un repli de l'esprit un léger malaise sentimental qui suffit pour contenir l'assaut obstiné des sottises courantes et ne fait rien oublier de ce qu'on doit aux convenances.

C'est à quoi je pense en allant à l'Académie un soir de séance.

La demeure de l'Académie est un vieil hôtel au cœur de la ville. Les bruits du dehors y viennent mourir avec respect. Les ouvrages de sagesse érudite y répandent une atmosphère apaisante.

Les hautes fenêtres par où l'on ne regarde point ouvrent sur des murs très anciens et non sur des horizons décevants. Les pensées qu'on y apporte changent de couleur dès le seuil pour s'adapter à la politesse systématique et bien-disante du milieu. Cela forme une pensée unique honnêtement vêtue de tradition, solidement basée sur un commun respect des patientes recherches et qui n'a pas à redouter le coup de vent d'une discordance.

Il en résulte qu'on peut s'asseoir en toute quiétude dans n'importe quel fauteuil vide autour de la longue table verte où luisent paisiblement la lampe du Secrétaire Perpétuel et celle du lecteur de la séance.

Le hasard de mon arrivée tardive me place à côté d'un docteur-chirurgien ;

bonne fortune dont je me réjouis, songeant aux renseignements qu'il peut me donner sur l'art de soigner les blessures de l'œil.

Un scrupule me vient. Parler sans détour de ma chatte borgne c'est confondre implicitement la chirurgie avec l'art vétérinaire. Cette hypothèse déjà choquante en elle-même est insupportable en un tel milieu. D'autre part je ne me reconnais pas le droit de frustrer ma chatte borgne du bénéfice vital d'une si heureuse rencontre, par crainte exagérée d'irrévérence imaginaire. Je me décide avec les précautions de langage qu'il faut. De la meilleure grâce du monde mon aimable confrère m'enrichit, en peu de mots dits à voix basse, des connaissances essentielles dont j'ai besoin pour adoucir le sort de ma petite bête blessée. Puis nous écoutons sagement un mémoire judicieux et documenté sur la nature et les conséquences réelles ou supposées de la maladie de Napoléon III.

On a beaucoup écrit et dit sur cette impériale affection de la vessie, beaucoup plus que je n'écris sur l'œil crevé de ma chatte borgne. Rapprochement irrévérencieux... Non. Tout au plus hardiesse fort admissible si l'on accepte de débarrasser pour un moment la vérité de ses vêtements de convention. Je ne vois point de disproportion criante entre la vessie malade de Napoléon III et l'œil crevé de ma chatte borgne ; mais j'aperçois entre l'une et l'autre cette différence notable que la maladie de Napoléon III passe pour avoir eu sa néfaste part d'influence sur les évènements depuis la mi-juillet 1870 jusqu'à Sedan, tandis que la blessure de ma chatte borgne n'est douloureuse et déplorable que pour elle seule.

III.

Il fait ce matin un délicat soleil de décembre plus favorable à l'activité qu'à la méditation. Mon chien qui m'accueille au jardin me donne à entendre qu'une promenade dans la rue lui ferait plaisir.

Les chiens ont des relations comme nous et les entretiennent, autant qu'ils le peuvent sans manquer au devoir domestique. Croire qu'ils vont sans but quand ils franchissent la limite de notre regard et la portée de notre appel est pure étourderie de notre part. Leurs obligations sociales, pour être moins conventionnelles que les nôtres, n'en sont pas moins impérieuses.

J'ouvre le portail dont la forte sonnette chante le même air qu'une sonnaille de chèvre. Des enfants sont accroupis en rond au milieu de la rue et, dès qu'il les voit, mon chien remonte peureusement les marches.

— Oui, je sais. Les enfants ne sont bons pour les bêtes que par accès. Leurs impressions toutes neuves leur feraient une petite âme affective si les parents, dans leur prévoyante sollicitude, ne prenaient soin de leur affirmer sans cesse que vivre c'est combattre et qu'on n'a de place dans la société que par ruse ou violence ; si bien qu'avant de rien comprendre à l'engrenage social, ils sont sûrs qu'il est fait de dents et de griffes et qu'il faut avant tout penser à soi. On leur verse par habitude des principes moraux sucrés des fariboles de la comtesse de Ségur née Rostopchine, mais quand on veut vraiment les persuader on s'évertue à les hérisser contre le contact malintentionné de tout ce qui les environne. Au lieu de les munir de confiance féconde, on les met en garde contre le futur, contre les vivants et les morts, contre tout. Les bêtes sont pour leur clairvoyante naïveté l'aspect le plus séduisant de la vie en mouvement, l'amusement le plus aimable qui leur soit proposé, on les leur montre créées tout exprès pour les mordre, griffer ou piquer ; de sorte qu'une méfiance cruelle règle leurs rapports avec le miracle inoffensif, riant et multiple qu'ils ont à portée de leurs mains. Et comme ils discernent confusément avec leur sens inaltéré l'injustice qu'on leur fait commettre, il leur arrive pour justifier leur cruauté apprise de dire qu'ils ont été mordus.

Où veux-tu, mon bon chien, qu'ils placent la bonté dans l'interminable ripopée de préceptes égoïstes dont on les encombre par prudence ? Quand ils seront des hommes, tout endoloris de rudes heurts avec un monde ainsi créé, ils proclameront les vertus prophétiques de leurs ascendants et, cadenassés dans la même erreur, formeront leurs enfants comme ils furent formés eux-mêmes. C'est cette chaîne ininterrompue de pernicieux concepts qui fait l'invincible puissance de l'argent et l'indestructible suprématie de la force. Dans un ensemble social ainsi compris il n'apparaît pas que la faiblesse puisse jamais inspirer autre chose que du mépris et la douceur éveiller un autre sentiment que l'ironie. Le plus singulier est que cette éducation à contre-sens prétend de bonne foi développer la force morale et le courage pour le plus grand bien d'une société qu'il importe de maintenir telle qu'elle est.

Bref les enfants et toi vous êtes de pauvres abusés et le malentendu qui vous sépare n'est imputable à aucun de vous. Seulement tu n'as que faire de ces subtilités qui sont l'aliment des philosophes et le plus clair de la spécialité humaine. Leur résultat seul te touche et tu sais bien qu'une bête dans la rue est une faiblesse exposée à la rudesse des hommes et aux brutalités du hasard.

Reste donc en sécurité dans le jardin, sous la protection du bienveillant soleil et de la rassurante solitude.

DE LA MÉTAPHYSIQUE A L'ÉMOTION.

I.

Par sa prudence, mon chien vient de me prouver qu'il observe, qu'il se souvient et qu'il réfléchit ; trois opérations principales de l'intelligence. Bien plus, il m'a montré qu'il sait résister à un désir sur le conseil des circonstances, ce qui est proprement de la sagesse. Je n'avais pas besoin de ce petit fait qui se répète cent fois en un jour pour accorder de l'intelligence aux animaux. En même temps je n'ai pas l'outrecuidance de douter du génie de Descartes; contradiction inacceptable, car enfin, ou bien les bêtes sont intelligentes, ce qui est indiscutable, ou bien Descartes est une bête sur ce point particulier de sa doctrine. J'en voudrais avoir le cœur net.

D'abord je conçois mal que René Descartes ait été insensible à la tendresse des bêtes. Dans le *Discours de la Méthode* il parle plus d'une fois avec un lisible plaisir de l'isolement et du calme nécessaires à l'étude ; en quoi il tient exactement le même langage que Michel Eyquem de Montaigne, lequel se réfugia dans une retraite studieuse à trente-sept ans, c'est-à-dire aussitôt que l'état de sa fortune le lui permit. Et l'on sait que pour ceux qui vivent seuls avec leur pensée dans un coin de la cité, les bêtes sont à la fois l'ornement naturel et la confirmation vivante de la paix studieuse dans le logis riche de livres.

Je ne crois pas que cela ait jamais été mieux exprimé que dans ces quelques lignes d'Anatole France : «..Riquet, qui avait écouté le discours jusqu'au bout avec une muette attention, s'approcha du maître et posa, d'un geste de suppliant, une patte timide sur le genou qu'il semblait ainsi vénérer selon la coutume antique. Et M. Bergeret, dans une pensée bienveillante, le prit par la peau du dos et le mit derrière lui sur le coussin du fauteuil profond. Riquet fit trois tours dans ce petit espace et s'y coucha. Il demeura là tranquille, silencieux. Il était heureux. M. Bergeret lui en savait gré. Et, tout en compulsant Servius, il passait par moments la main sur le pelage ras, qui, sans être fin, était lisse et très agréable au toucher. Et Riquet, plongé dans un demi-sommeil, communiquait au maître la bonne chaleur de la vie, le feu subtil et doux des êtres animés. M. Bergeret travailla dès lors avec plus de plaisir que de coutume à son *Virgilius Nauticus.* »

Il faut au travailleur solitaire la reposante diversion des affections muettes et plastiquement agréables, la magnificence immobile des fleurs, la berceuse chanson des branches. Descartes a certainement aimé les bêtes du foyer comme les aimait Montaigne. D'où vient donc la rigueur de son affirmation philosophique ?

Me voilà obligé de relire son œuvre

encore que je ne me plaise guère au grave et méthodique tohu-bohu de son style. Je relis donc le *Discours de la Méthode* et certains fragments des *Méditations* un peu au hasard, je l'avoue, et non sans passer bon nombre de développements compacts d'où le sujet qui m'occupe est apparemment absent.

D'une lecture déjà ancienne j'avais gardé l'impression que Descartes, après avoir, comme il le dit, débarrassé son cerveau de tous les jugements antérieurs, s'est décidé à regarder l'univers comme une admirable mécanique qui, partie d'on ne sait où aboutit à l'homme, avec deux termes extrêmes fort embarrassants : Dieu et l'âme humaine.

L'homme possédant seul l'âme qui se connaît elle-même et par là pressent la divinité, que faire des animaux ? Quelle place leur assigner dans un tel système ? Ils vivent, ils n'ont pas d'âme, ce sont des machines.

J'ai relu et n'en suis pas plus avancé. Maintenant comme auparavant l'automatisme des animaux me semble tout juste bon à assurer l'équilibre du système cartésien plus physiologique que philosophique dans tout ce qui a trait à la matière vivante et plus religieux que scientifique dans tout ce qui échappe à la force du raisonnement.

Je considère comme acquis que le jugement de Descartes sur les animaux est un artifice. Je puis m'en permettre l'audace, d'abord parce qu'il se la permet lui-même dans ce passage, qui est sa pensée personnelle et non systématique : « Il faut pourtant remarquer que je parle de la pensée, non de la vie ou du sentiment ; car je n'ôte la vie à aucun animal... Je ne leur refuse pas même le sentiment autant qu'il dépend des organes du corps. » Et puis parce que les plus notoires philosophes des XVIIe et XVIIIe siècles ont fait de cette audace la base de leurs doctrines, qui, toutes, du point de vue où je me place, me paraissent préférables à la sèche métaphysique cartésienne.

N'étant pas philosophe de métier, rien ne m'oblige à accepter ou réfuter. Mais le fait d'écrire impose des devoirs et me voici, pour l'amour des bêtes, en compagnie de la monadologie de Leibniz, cette échelle qui, appuyée sur une harmonie préétablie, monte du mollusque à la Divinité, sans que l'ordre des degrés puisse être jamais modifié ; puis en conversation avec le sensualisme de

Condillac, qui fait du « moi » la synthèse des sensations présentes et de celles retenues par la mémoire et qui accorde en somme le privilège du « moi » aux bêtes lorsqu'il démontre à Buffon que si les bêtes sentent, elles sentent exactement comme nous, à moins que le mot sentir ne signifie plus ou moins, selon qu'il se rapporte aux hommes ou aux bêtes. Me voici demandant à l'animisme de Stahl ce qu'il veut dire ; félicitant Frédéric Cuvier d'avoir soustrait les animaux à la métaphysique pour les rendre à l'observation et G. Leroy de penser que le devoir philosophique est d'observer les bêtes dans la vie pour en arriver à leur reconnaître tous les caractères de l'intelligence à un degré au dessous de nous.

Me voici cherchant dans les anciens

une aide sympathique et la trouvant en Aristote qui reconnaît aux bêtes la faculté de réfléchir ; en Plutarque qui a écrit un petit traité pour faire entendre que « les bêtes usent de la raison » ; en Pythagore qui, logique avec sa théorie de la métempsycose, proscrit les sacrifices — grande hardiesse en son temps — et déconseille de se nourrir des animaux ; me voici m'assurant que les Ecritures ont proclamé l'alliance de Dieu avec les animaux, au moyen du symbole de l'Arche.

Que de savants travaux, que de charitables études, que de géniaux ouvriers de civilisation, pour en être demeurés où nous en sommes, je veux dire fermés aux adoucissements nécessaires et volontiers privés du statut de nos rapports avec la bête familière et la bête sauvage.

Le Physiologiste P. Flourens qui étudia les bêtes avec une grande science où transparaît de l'affection, fait la preuve qu'elles pensent mais sans le savoir, d'où leur impossible perfectionnement. De tous les savants qui se sont arrêtés à la douce énigme des bêtes c'est lui que j'interroge le plus volontiers parce que sa pensée est claire et sa science chaleureuse. Dans son « Traité de l'instinct et de l'intelligence des animaux », il n'omet rien de ce qui peut guider ou justifier son travail qui est à la fois l'expression d'une pensée personnelle et l'étude approfondie de l'état de la question à tous les moments de l'histoire des hommes, laquelle, que nous le voulions ou non, se trouve être aussi l'histoire des bêtes.

Je n'ai pas souvenir qu'il ait noté

l'opinion du Moyen-Age implicitement contenue dans les décisions de Justice qui condamnaient les animaux à mort pour des crimes déterminés. C'était leur reconnaître la responsabilité qui suppose la perception du bien et du mal, en un mot l'intelligence. Et non seulement le Moyen-Age condamnait les animaux à mort, mais même il les excommuniait, les élevant ainsi au rang des humains admis à la communion.

Cette attitude d'une époque réputée barbare n'étonne point dès qu'on remarque qu'il s'agit de mauvais traitements. La colonne symétrique des récompenses n'existe pas. Il est vrai qu'elle eût été fort bornée, car les bêtes étant sans vanité n'ont que faire des honneurs publics. Un supplément de nourriture et des caresses opportunément distribuées forment toute la gamme de leurs ambitions.

Certains philosophes ne se sont pas contentés de concéder aux animaux une manière d'intelligence. Le P. Bougeant, jésuite historien, a vu en eux des expressions diaboliques, parce que, à son sentiment, ils ont trop d'esprit. C'est s'éloigner à l'excès de la métaphysique de Descartes et flatter le diable par-dessus le marché. Cette opinion du moins est pittoresque et il est vrai que quelques animaux ont une petite flamme sardonique au fond de l'œil, indice d'un jugement qui n'est probablement pas à notre avantage.

Quant à Montaigne, vers qui je reviens comme vers le repos, il reconnaît aux bêtes une indépendance d'esprit qui vaut la nôtre ou bien la citation que voici ne signifie rien :

« Quand je me joue à ma chatte, qui sait si elle passe son temps de moi plus que je ne fais d'elle ? Nous nous entretenons de singeries réciproques ; si j'ai mon heure de commencer ou de refuser, aussi a-t-elle la sienne. »

Et c'est ma chatte borgne qui clôt ce chapitre de philosophie en s'asseyant sur mon manuscrit avec une autorité tranquille. Il y a vraisemblablement plus de sens dans cet acte inconsidéré que dans l'écheveau scientifique où je viens de me débattre et *Les lettres d'un chien errant* de Louis Moynier sont plus utiles à la cause des bêtes que le fait de rechercher si Leibniz et Locke sont d'accord pour leur refuser la faculté d'abstraire.

II.

Tout écrit qui se propose d'instruire ou de conseiller et s'annonce comme tel, en quelque matière que ce soit, est assuré de l'indifférence du lecteur. Le public se soucie peu qu'on l'instruise, si même il n'en prend ombrage. Son seul désir est qu'on l'intéresse. C'est pourquoi les poëtes ont meilleur jeu auprès de lui que les savants, étant admis que le poëte est celui qui se laisse guider par l'émotion et séduire par les consolantes images. La tendresse de Théophile Gautier pour Miraut et Belzébuth, seuls amis du baron de Sigognac, protège les animaux mieux que la plus sûre démonstration de philosophe. Toute mon ambition est que ma *Chatte borgne*, qui a le tort de n'être ni un conte, ni l'exposé d'un système, leur assure tout de même un peu de la sympathie que leur a value le *Riquet* d'Anatole France.

Je ne sais guère de poëtes qui ne les aient associés au frémissement sonore de leur âme, même parmi ceux qui chantent l'épileptique humanité ou tout simplement leur cœur, avant d'honorer la souriante Nature ; tel cet étrange Verlaine que j'ai connu, vieil enfant claudicant et sardonique, qui composait sous nos yeux, à coté d'un *demi-brune*, des chansons infiniment douces et singulières, et traînait avec lui des odeurs âcres de garnis. Il était, à vrai dire, moins bien placé que Rollinat, par exemple, pour apprécier la part des animaux dans l'enchantement qui nous entoure, puisqu'il ne quittait

jamais Paris réduit pour lui tantôt au décor fumeux des brasseries, tantôt aux frigides blancheurs de l'hôpital.

On ferait une émouvante anthologie avec tout ce que les poëtes ont affectueusement donné de leur art à nos muets amis. J'écris au conditionnel parce que je ne me suis pas donné la peine de chercher cette anthologie dans les colonnes bibliographiques où je l'aurais certainement trouvée, rien n'étant positivement à créer en littérature au temps où nous sommes.

III.

Respecte dans la bête un esprit agissant.

GÉRARD DE NERVAL.

C'est parmi les poëtes graphiques — et mon esprit corporatif s'en réjouit — que les bêtes comptent le plus grand nombre d'amis sûrs. Là où il ne s'agit plus de choisir des rimes attendries dans l'obscure forêt des mots, mais des lignes expressives dans le mouvement infini de la vie, les bêtes ont toutes les chances de se manifester au jugement lucide des dessinateurs comme la touchante expression d'une poësie simple et spontanée.

Voilà pourquoi la midinette de Willette s'arrête en traversant le Boulevard pour embrasser sur les naseaux un cheval d'omnibus, type de forçat quadrupède aujourd'hui disparu. Voilà pourquoi les chats de Steinlein font des bonds charmants hors de la gravité puissante de son œuvre. Voilà pourquoi les chevaux et les chiens de Caran d'Ache, ce géomètre du rire, se substituent obstinément dans la mémoire visuelle aux typiques silhouettes humaines qui vivent pour toujours aux pages de son album. Voilà pourquoi Jean Veber, impitoyable pour la caricaturale et cupide humanité, s'est amusé un jour à dessiner les animaux entrant dans l'arche et, plaçant l'éléphant devant la puce, le représenta tournant vers l'insecte sa tête puissante et laissant tomber de haut, gravement ; « Quand vous aurez fini de pousser ! » Voilà pourquoi les dessins japonais des grands siècles extrême-orientaux sont comme une ornementale apothéose de la vie magnifique et fine des insectes et des oiseaux.

Avec un peu de chagrin, à cause de tous les noms aimés qui avaient leur place là, je me borne à cette très sommaire esquisse, ne pouvant davantage dans le cadre que je me suis tracé.

N'était l'illogisme d'une dédicace particulière au frontispice d'un petit livre écrit pour qui veut le lire, c'est à mes confrères les dessinateurs-humoristes que j'aurais dédié *La Chatte Borgne,* tellement je suis sûr qu'ils en approuvent le sentiment.

Dessiner avec une application méthodique de professionnel enivré les bêtes et les plantes, leurs sœurs enracinées, c'est éprouver à toute heure cette impression profonde et fragile qu'on appelle attendrissement ; c'est partager avec délice la quiétude béate d'un chien au soleil, saisir la fine poësie d'une bestiole dorée qui traverse en fredonnant la poussière éclatante d'un rayon ; sourire au bourdonnement étourdi d'un taon, s'attrister devant l'affaissement résigné d'un vieux cheval de trait écorché au garrot ; sympathiser avec la chèvre goguenarde ; interroger l'ironique gravité d'un âne dont les poils gris se hérissent et s'emmêlent comme des sourcils de vieillard ; s'apercevoir que les plantes ont une vie sensible, robuste ou précaire, qu'elles sont heureuses ou chagrines selon le temps, selon leur part grande ou petite de soleil, selon le degré de notre attention.

C'est suivre la vie dans sa marche hors de la minute où elle nous apparaît ; c'est, lorsqu'un oiseau passe en chantant dans la pourpre des vignes, songer, en notant les contours de son vol, qu'il a une jeunesse étourdie, une maturité vivace, une mort douloureuse comme est la nôtre, et que son cadavre devient de la terre quelque part dans l'étendue verdoyante...

C'est regarder une maison dans la campagne non comme un roc indifférent à ce qui passe, mais comme un être vivant, riant de toutes ses fenêtres aux fraîcheurs du matin, s'assoupissant dans le pesant éclat de midi, fermant ses contrevents massifs sur le soir qui vient, redoutant l'ombre opaque du chemin nocturne, le mystère des solitudes tourmentées par les souffles de la nuit.

C'est vivre toutes les existences aperçues. C'est vivre accompagné d'images toujours neuves, comme vivait Jules Renard, dont l'écriture est un dessin, quand il composait ses petits poëmes imprévus qu'il intitula « Histoires naturelles » ; comme vécurent Toussenel, Méry, Léon Cladel, ces confidents émus des bêtes confiantes.

De sorte qu'en aimant les bêtes l'homme le plus borné s'apparente en ce point aux esprits les plus lucides et gravit sans y prendre garde le causse poëtique par son flanc le moins escarpé.

IV.

Toujours grâce à ma chatte borgne, j'ai retrouvé dans le tiroir où dormait le dossier des bêtes le document extra-parlementaire que m'avait envoyé Lucien Millevoye en m'invitant à me joindre au comité qu'il présidait « de réforme législative et d'application de la loi pour la protection des animaux ».

J'y revois avec plaisir des noms qui n'ont pas l'habitude d'aller ensemble à la bataille publique. Ils me confirment dans la conviction que la bonté peut devenir un programme commun. Ils me rappellent aussi que les animaux ne sont pas électeurs.

L. Millevoye, Maurice Barrès, Ferdinand Buisson, Georges Ponsot, Viollette, Georges Leygues, Raoul Péret, Daniel de Folleville, Duc de Blacas, Comte Léonidec de Tressan, Maurice Mœterlinck, Président Séré de Rivière, André Ibels, Léon Bérard, Dalimier... Et bien d'autres gens de cœur et d'esprit. A me contempler rétrospectivement en telle compagnie amie des bêtes, j'éprouve une fierté légitime.

Dans ce document, quelques lignes de l'exposé des motifs sont bonnes à citer :

« Actuellement tout est possible, tout est toléré contre les bêtes, même de les découper, de les ébouillanter, de les écorcher vivantes — même de les accabler sous le fouet — même de les faire travailler sans les nourrir — même de les abandonner, sans la suprême miséricorde du coup de grâce, aux affres d'une lente agonie. »

Bien entendu que ce qui est exprimé là avec une éloquence concise n'y figura qu'après enquêtes officielles sérieusement conduites et contrôlées.

Bien entendu que cela fut développé à la tribune du Parlement. J'entends encore la voix de Lucien Millevoye dont le pathétique constamment sincère ne s'exerça pas toujours sur un thème aussi solide.

Une promesse d'amélioration du sort des bêtes s'en est suivie. Mais quand a-t-elle été tenue ? Des enquêtes nouvelles nous apporteraient à n'en pas douter les mêmes désolants résultats.

Il y a trente-quatre ans, L. Lemoyne notait que Magendie, après avoir sacrifié 4.000 chiens pour la recherche d'un problème résolu depuis un siècle, en immola 4.000 autres, pour se réfuter lui-même. A la même page il citait cette opinion de M. Bell : « La confusion est le plus saillant résultat de la vivisection. »

Quel effet ces protestations, accompagnées et suivies de bien d'autres non moins probantes, ont-elles produit sur la frénésie vivisectrice ?

Le certain est qu'Edmond Haraucourt publiait un peu avant la guerre de belles et poignantes pages sur le martyre des chevaux vivisectés, pages presque illisibles tant il s'en dégageait d'horreur. Pour ma part je ne pourrais les relire parce que j'ai eu le malheur d'avoir sous les yeux la douce et muette prière que les bêtes adressent à leurs savants bourreaux lorsqu'on les porte sur la table d'opération. Les chiens sentent et comprennent avec une facilité désolante. Ils ne se débattent point comme un criminel qu'on porte à la guillotine. Ils discernent qu'une fatalité est sur eux. Ils sont inertes et comme douloureusement étonnés aux mains des aides, espérant peut-être qu'ils fléchiront par l'humilité de leur soumission les hommes singuliers qui les tiennent en leur puissance et les torturent hors de toute justice. Pour qui regarde cela sans le talisman anesthésique d'une pensée scientifique, c'est un navrement dont rien ne peut donner une idée. Millevoye, en mai 1914, à la suite des récits lamentables publiés par un grand journal d'information, interpellait sur les abus de la vivisection, écrirai-je vainement ?

La guerre est venue donner raison à la cruauté scientifique comme à toutes les cruautés et le peu de bien, préparé plutôt qu'obtenu, l'a été en pure perte.

Les réglementations législatives sont de peu d'effet, du reste, dans un pays où le citoyen, prêt à tout pour la liberté, — il l'a prouvé — n'en connaît pas l'usage et met une espèce de point d'honneur à tourner la loi. La lente pénétration des idées de bonté dans l'esprit de chacun est seule efficace. C'est l'origine de l'honnête effort d'écriture que je fais, avec le sentiment que l'heure est opportune.

De même, en effet, qu'en transportant sans cesse et fort loin tant d'êtres, enracinés naguère à leur sol, la guerre leur a donné l'orgueil des horizons nouveaux, si funeste à la religion natale, elle a versé en eux la détestable insensibilité. Ils ont tant vu souffrir et mourir injustement hommes, bêtes, arbres, maisons, terre féconde, qu'ils se jugeraient risibles s'ils se surprenaient pitoyables.

Reprenons donc l'ingrat et nécessaire débat où les victimes dont on dispute sont comme ces choses sans vie sur quoi l'on chicane en justice. Et c'est bien là précisément que le caractère odieux de la discussion apparaît.

La bête résignée, ainsi faite qu'elle n'est que par nous, est incapable d'un reproche. En même temps elle est profondément sensible à l'injustice de ses souffrances. Et c'est à cause de cette absolue soumission, de ce silence résigné, de cette souffrance sans révolte, que nous nous débarrassons lâchement vis-à-vis d'elle du poids de notre responsabilité. La supériorité de penser est vraiment laide sous ce jour. Et lorsqu'on songe que le sentiment de la responsabilité forme, avec la garantie du scrupule, la base d'une harmonie sociale acceptable, on est bien forcé de craindre que la cité heureuse ne demeure longtemps à l'état de mirage.

Par bonheur, un fond de générosité est dans le cœur des foules, comme en témoigne l'évidence de la satisfaction populaire devant l'écran cinématographique, aux moments où s'affirme en mouvant blanc et noir quelque beau sentiment.

Renonçons à rêver d'apôtres qui sont surtout des cibles pour les quolibets faciles de la multitude, mais ne désespérons pas d'établir, par un effort obstiné de coordination, l'unisson généreux où les faibles, hommes et bêtes, trouveront leur compte de sécurité, sans oublier les choses, car ainsi que l'ont dit J. B. Proudhon en pure prose et Gérard de Nerval en très beaux vers :

> *« Souvent dans l'être obscur habite un Dieu caché ;*
> *Et comme un œil naissant couvert par ses paupières,*
> *Un pur esprit s'accroît sous l'écorce des pierres. »*

V.

Philosophes, poëtes, dessinateurs-humoristes, législateurs..... Toute l'élite amie des bêtes. Et voilà qu'en me relisant je me reproche d'avoir oublié les chroniqueurs, amplificateurs amusés de la grande faribole et du petit fait quotidien. J'en parle avec mélancolie, car je fus longtemps des leurs et je puis parler d'eux de tout mon cœur, ayant quitté leur compagnie.

Il est juste d'admirer ces écrivains pour la régularité de leur verve ; il est bon de les aimer pour la forme attrayante de leurs avis. Ils n'ont besoin ni de recherches poudreuses, ni de méditation pédante pour traiter un sujet qui presque toujours se passe de fatras. A propos de tout événement ils ont une idée digne d'être imprimée et ils l'ont à l'heure où le linotypiste l'attend, premier prodige. Deuxième prodige : Quels que soient le temps, l'état de leurs nerfs, la qualité de leur humeur, la nature du décor, ils donnent sur le champ à cette idée un vêtement agréable, scintillant, personnel.

Ce sont des hommes utiles. Ils éclairent la pensée publique et font aimer la vie. Ce sont des hommes respectables par la continuité et la probité d'un labeur dont la rude difficulté se dissimule, mérite immense, sous des dehors agréables et légers, et dont ils n'ont pas le juste bénéfice, car le journal disparaît avec le jour qui l'a fait naître.

Autant que ma mémoire et mes lectures me le permettent je puis écrire que tous les chroniqueurs notoires, depuis Théophraste Renaudot jusqu'à Clément Vautel, dont les écrits sur les bêtes sont autant de bonnes actions, ont témoigné aux bêtes une sympathie plus précieuse qu'aucune autre, car elle se prolonge à la même heure dans tous les sens de l'esprit public et y laisse des traces, alors que le mieux pensé des livres n'est lu que par quelques attentifs.

Henry Maret, ce doux atrabilaire,

dont la bonne philosophie bougonne s'épanchait en accès quotidien dans « le carnet d'un sauvage » n'a jamais manqué de faire honte aux hommes avec l'honnêteté des animaux et je puis préciser que Gustave Téry, dans un des feuillets journaliers qu'il appelait *Les jours se suivent*, opposa, parlant de vivisection, « les devoirs élémentaires de l'humanité aux droits supérieurs de la science », et notait à cette occasion que, pour les professeurs Robin et Quénu, « la vivisection n'apprend rien, si ce n'est le sadisme et la férocité ».

Un jour pourtant un chroniqueur dont beaucoup se souviennent, Harduin, eut un mouvement de mauvaise humeur contre les chiens parisiens, bien innocents des ridicules reprochés à leurs maîtres. A la colonne qui m'était dévolue dans un important quotidien régional je pris la liberté de lui faire remarquer son injustice, grosse de conséquences pour les chiens incriminés.

Il faut dire que le caractère de son talent se prêtait à ces sortes d'injustices. Sur le théâtre de la chronique, il apparaissait comme un homme aisé, qui voit clair dans sa pensée et sait exprimer avec facilité, à propos de tout, un avis agréable aux entendements moyens. Il se flattait visiblement de n'être pas exposé à prendre une vessie pour une lanterne. Sa réputation de bon sens l'obligeait à n'accepter qu'à correction l'enthousiasme et l'émotion, de sorte qu'il malmenait avec le même sourire toutes les ailes, les vraies comme les fausses. D'accord avec le grand nombre, il procurait une manière de voir à bien des gens raisonnables qui n'en avaient d'aucune espèce. Quand on discuta l'impôt sur le revenu, vers 1906 je crois, il combattit les idées fiscales de Camille Pelletan en lui reprochant le désordre de sa chevelure. Cela explique bien des choses.

« Je veux être ardemment aimé : Je prendrai donc
L'être glorifié pour l'immense abandon
De lui-même, le chien ! Mon tendre patronage
L'abritera pendant les périls du jeune âge,
Et sa maturité solide aura des crocs
A moi, bien établis, fermes commes des rocs.
Je comprendrai les mots de sa queue expressive,
Tout ce que me dira sa belle âme naïve,
Ses yeux humains, mais si loyaux ! je l'aimerai
Jusqu'à cet âge où, las, le poil décoloré,
L'œil mort, le museau lourd, sans flair et sans adresse,
Son vieux souffle n'est plus qu'un soupir de tendresse. »

PAUL MARROT.

SOUVENIRS ET REFLEXIONS.

I.

UN paradoxe rigoureux domine et singularise le sort des chiens en ce sens que leurs pires infortunes sont fréquemment la conséquence de leur intelligence, de leur absolue fidélité et de leur parfaite obéissance.

Il ne se passe guère de jour qu'on ne prenne un chien dressé à voler. Il est clair que cet acte d'aveugle docilité est à sa louange et comporte une récompense. Ce chien vient d'observer intelligemment la seule loi morale qu'il connaisse : la soumission. Que fait-on de cette touchante victime ? On l'emporte à la fourrière où sa vie méritoire se termine dans la détresse, la souffrance et l'étonnement.

Les êtres simples ont coutume de dire : « Ah ! Si les bêtes pouvaient parler !... » Mais elles ne parlent point, du moins dans notre langue. Et quel tumulte d'angoisse dans leur cervelle à se sentir incapables de se faire entendre clairement !

J'ai relaté jadis dans des chroniques bien des faits divers où la supériorité de l'homme fait pauvre figure devant la droiture de la bête. Celui-ci n'est pas le plus triste :

Un filou s'en allait par la ville avec un pantalon déchiré et sommairement recousu. Arrivé près d'un chien pourvu d'un maître bien vêtu, l'homme bousculait le chien, arrachait son fil de faufile, montrait la déchirure, hurlait qu'il avait été mordu et réclamait une indemnité qu'on lui remettait aussitôt par crainte d'un coûteux différend en justice. Et comme il n'est rien d'aussi désagréable que d'effectuer un paiement parfaitement imprévu, le chien recevait une dure correction dont il était encore plus stupéfait qu'affligé.

Je ne veux rien exagérer. Il peut bien se faire qu'à la longue les chiens se soient accoutumés à l'iniquité au point de la croire chose normale. J'ai gardé longtemps un bon caniche noir du nom de Riquet qui, au moindre fracas d'objet brisé, s'empressait de ramper humblement vers nous pour atténuer un châtiment qu'il savait bien n'avoir pas encouru. La première fois je m'accusai de quelque correction injustifiée. Par la suite je vis là l'effet d'un très lointain atavisme.

Ce caniche d'une rare vivacité d'esprit m'a clairement démontré que le chien raisonne, mais selon une méthode qui lui appartient en propre. Vers le moment habituel de mon retour au logis, il allait regarder le cadran du coucou normand à la salle à manger. Comme il voyait ma femme interroger tous les soirs ce coucou du regard, il en avait conclu que c'était un moyen de me faire apparaître et en usait plus ou moins sous l'injonction de son appétit.

J'ai pu voir grâce à lui que les chiens

ont au même degré que les fonctionnaires la religion des droits acquis.

Les vacances parlementaires me permettaient de fuir Paris durant quelques mois et nous retrouvions au coin familier un vieux chien de berger, Cadel, mon compagnon de jeunesse, que mon père avait gardé. Les deux chiens couchaient sur le même tapis, chacun à la place qu'il avait premièrement adoptée. Un soir le vieux Cadel, couché de meilleure heure, s'était trompé de place. Mon caniche survenant en conçut un grand étonnement et quelque humeur. Il secoua violemment l'endormi à coups de tête. Le vieux loup, qui n'avait jamais été commode, se hérissa en grognant, ouvrit les yeux, vit de quoi il retournait et s'alla coucher, déférent et apaisé, à sa place coutumière.

Quand mon jeune caniche, séduit par le lointain, restait sourd à notre appel, nous avions recours au vieux loup. Sans s'éloigner il se contentait de pousser deux ou trois aboiements qui ramenaient en quelques secondes l'écervelé près de nous. C'est donc que les chiens ont pour communiquer entre eux un langage où les nuances tiennent lieu de notre articulation et qui ne nous sera jamais intelligible, pas plus que celui des arbres que le peintre François Millet entendait causer pourtant entre eux.

Mon caniche, qui savait en quel point de la ville je me trouvais à certaines heures, venait me chercher quand on lui en donnait l'ordre. De tous les journaux qu'on glissait sous ma porte le matin, le seul qu'il m'apportait était le *Petit Méridional* parce qu'il avait remarqué que je parcourais celui-là d'abord. Lors d'un voyage assez long, nous nous étions arrangés charitablement pour qu'il ne nous vît pas partir. Au retour il nous attendait à la gare où il était venu probablement tous les jours, sachant bien que nous reviendrions par là. C'était un de ces chiens dont on dit qu'ils sont comme des personnes et nous avons été fort chagrins de sa vieillesse et de sa disparition.

Entre bien d'autres mérites, il est juste d'accorder au chien la notion de ce qui est sage et de ce qui ne l'est pas, c'est-à-dire le bon sens. Un geste anormal, une attitude hors de propos provoquent de sa part un mouvement d'inquiétude ou tout au moins de surprise. Le chien n'admet point une excentricité venant de nous.

Ces jours derniers, un docte ami, mesuré dans tous ses actes, est venu me voir. Son érudition et l'originalité de ses vues font des heures qu'il me consacre autant de curieuses promenades dans le jardin profond des idées et des faits. Je me délectais à l'écouter, me bornant à soutenir de quelques brèves remarques indispensables la précision pittoresque et nourrie de ses développements ; comme il venait d'aborder l'analyse d'un effet de théâtre, il se laissa gagner par l'intérêt de son sujet et se leva, passant soudain du ton de la causerie aux sonorités de la déclamation gesticulante.

Mon chien qui dormait à mes pieds dressa l'oreille, se mit debout et fixa mon savant ami d'un œil étonné. Il n'aboya point, car c'est un chien bien élevé, mais son trouble était manifeste. Là où je n'avais vu que l'accentuation logique d'un argument, il avait eu la nette sensation d'une répréhensible outrance.

Le chien est fier de travailler pour qui prend soin de lui. On le voit à son attitude quand il porte entre les dents le journal de son maître. L'homme n'a pas cette fierté naïve vis-à-vis de son maître qui est l'Etat, tant que le progrès social n'en aura pas inventé un autre. Il le regarde comme une personnalité toute puissante et rogue quand il en veut tirer quelque bénéfice et comme une entité méprisable quand il a obtenu de le servir.

Je me souviens d'une boutade du dessinateur Gavarni :

— L'homme est le roi de la création. Qui a dit cela ? L'homme.

II.

« Car l'animal, meilleur que l'homme et que la femme,
En ce temps de révolte et de duplicité,
Fait son humble devoir avec simplicité. »

VERLAINE.

Un chien qu'on abandonne après l'avoir autorisé à vivre est une supplication qui marche. C'est pourquoi certains regards de chiens errants s'incrustent dans le souvenir comme un reproche.

Dans la rue Régale, un matin, un vieil épagneul noir sans collier, à tête grisonnante, allait devant lui, hésitant et lent, en bête domestique qui n'a plus de maison. Je le suivais d'un regard apitoyé. Comme les gens qu'on fixe et qui le sentent, il tourna les yeux vers moi. Ce qu'il vit dans les miens mit une flamme joyeuse au fond des siens. Je suis sûr qu'il y voyait la fin de son triste exode, la permission de se dévouer, et qu'il remerciait à la minute même les dieux obscurs des bêtes en détresse. Il vint vers moi en agitant la queue. Mais je ne pouvais ce matin-là m'embarrasser d'une bête. Sans doute un très petit effort de bonté m'eut été, malgré tout, facile. Je ne le fis point et détournai les yeux en simulant l'indifférence. Le vieux chien qui n'en était pas à sa première déception comprit et s'en alla, tête basse, vers son destin. Je ne vis plus qu'une maigre échine résignée que terminait une queue basse et morne.

L'impression que j'en ai gardée ravive le souvenir d'un pauvre spectacle touchant en sa simplicité d'humble drame de la rue parisienne.

Un vieux vagabond venait d'être tué par le tramway. On l'avait emporté dans un de ces asiles mortuaires que l'administration ménage à l'anonymat misérable. Sans brutalité, car la population parisienne est clémente aux bêtes, deux agents traînaient son chien vers leur poste proche. C'était une bête efflanquée, au poil dur, irrégulièrement planté. Elle allait nez et queue à terre, docile, écroulée sous le poids du destin.

Au seuil du poste, avant d'entrer, ce chien de pauvre homme promena autour de lui un regard désolé qui semblait prendre à témoin la douce lumière du matin et demander protection aux hommes tout-puissants. J'ai vu la même angoisse et la même imploration dans des yeux de blessés ; j'ai vu les mêmes yeux dans la face tourmentée d'un pauvre honteux qui cherchait asile et qu'on rejetait au froid de la rue. La similitude inoubliable de ces lueurs désespérées m'a révélé l'identité des désespoirs pour tout ce qui vit.

On ne modifiera jamais cette opinion du grand nombre que l'affection de la bête pour l'homme naît de l'idée de nourriture et va au dispensateur d'aliments. C'est une opinion qui a pour elle, en même temps que la bienheureuse netteté, une certaine somme d'exactitude, une bonne opinion de paresse qui ne comporte pas forcément l'inhumanité. Je l'ai toujours instinctivement repoussée et j'ai bien fait, car il m'est arrivé de voir mourir de chagrin une chienne épagneule laissée momentanément par son maître chez des amis qui certes ne lui refusaient pas la nourriture.

Ces récits et les réflexions qui les accompagnent sont autant de balivernes pour cette catégorie de gens convaincus qu'une hiérarchie est de règle en toutes choses et qui deviennent aveugles et sourds par principe devant les souffrances qu'une convention de bon ton défend de prendre au sérieux. L'erreur de soupçonner de rage et de massacrer sauvagement un chien qui court affolé à la recherche de son maître est, à leur jugement, non pas un acte odieusement injuste inspiré par la peur, mais une précaution qui, bien que manifestement inutile, était bonne à prendre. Et l'embarras est grand de préciser ce qui domine en eux de la sécheresse de cœur ou de la sottise. Leur assurance persifleuse a ceci de mauvais surtout, qu'à cause d'elle les timorés n'osent pas convenir qu'ils aiment les bêtes et s'en cachent comme d'une faiblesse. La reine Victoria d'Angleterre pensait sans doute à leur dangereuse influence quand elle donna à l'affection pour les bêtes la force d'une doctrine de gouvernement en affirmant : « No civilisation is complete which does no include the dumbend defenceless of Gods creatures ». Une civilisation n'est complète que si elle comporte la protection des créatures de Dieu.

En art on consent d'ordinaire à rester modestement coi devant une œuvre réputée belle dont on ne saisit pas la beauté. D'autre part les enrhumés du cerveau ne font aucune difficulté de reconnaître qu'ils ne perçoivent pas le parfum des violettes et l'idée saugrenue de nier ce parfum ne leur viendrait pas.

On comprend mal que les dénués d'émotion entendent ériger leur infériorité en règle supérieure et l'imposer aux autres. Ayons contre eux le facile courage d'être ostensiblement devant le mystère charmant des bêtes comme seraient les enfants, si l'on ne s'acharnait à gâter la fraîcheur de leurs impressions, et comme sont les poëtes dont tout le secret consiste à conserver intacte la naïveté délicieuse des premières sensations.

L'ORAISON FUNÈBRE.

I.

PENDANT ce temps ma chatte borgne s'organise pour une existence de longue durée. Elle a adopté une place au coin du feu, un panier à la cuisine pour le sommeil de la nuit, un poste d'observation et de béatitude dans la salle à manger, sur un meuble que le regard du soleil transforme en palais d'or. Elle a des habitudes et des points de repère. Le bruit que fait la porte du placard aux provisions la fait accourir. Bref elle prétend vivre.

Mais sa fragilité se révèle par bien des signes. Elle manifeste sa faim par un miaulement continu, interminable, et, après maints essais, se détourne de ce qu'on lui donne. Souvent elle secoue la tête pour se débarrasser de la partie malade. Elle s'accroche à mes bras sans cesse, passant de l'un à l'autre, peut-être pour trouver refuge contre l'acheminement assourdi de la mort.

J'interroge son œil sain qui me paraît s'affaiblir. Si elle vit et devient aveugle, qu'en ferai-je ? Connaîtra-t-elle qu'elle subit un malheur accidentel ou prendra-t-elle la cécité pour un état commun à tous les êtres au moment venu ? Dans l'un ou l'autre cas, étant admis qu'une pensée confuse est dans toute vie, que pensera-t-elle du pouvoir qui lui montre tant de splendeurs et brusquement les lui voile, lui laissant avec la vie la souffrance de se rappeler !

D'autre part, si sûr qu'on se veuille de l'intelligence des bêtes, on voit bien que leur part de raisonnement ne leur est donnée que pour conduire leur vie physique jusqu'à la plénitude et la préserver autant qu'il se peut des coups du hasard. Certes, il y a en elles une manière d'idéal qui se traduit par l'attachement au logis et aux maîtres, mais elles ne sauraient à aucun degré vivre par le seul jeu de la pensée. Comment ferait ma chatte aveugle pour marcher et s'alimenter, pour mener sans trop de risques une vie strictement limitée à elle-même, totalement dépossédée de l'intérêt adventice qui est le moteur principal, la condition essentielle de la vie animale ? Il lui resterait tout juste le plaisir de manger et la bonne sensation d'une caresse ? Est-ce assez pour qu'on lui donne la permission de vivre ?

Un poëte qui l'est doublement étant Provençal, le Président Séré de Rivière affirmait que tant qu'une mèche fume on n'a pas le droit de l'éteindre. Il a pour les êtres et les choses un fin regard plein d'indulgence affectueuse et d'incorrigible humanité. Son avis doit être bon. Il est vrai qu'il s'agissait dans l'espèce de la souffrance humaine ; mais je ne crois pas qu'en pareille matière sa philosophie s'accommode d'une distinction.

Reste la disproportion entre un humble résultat sentimental et le labeur improductif qu'il nécessite. C'est affaire d'appréciation dont il n'y a pas lieu de s'embarrasser pour le moment. L'inquiétude prématurée qui nous procure un double chagrin pour un mécompte unique est la plus absurde de nos ressources cérébrales. N'est-ce pas assez que les joies préconçues réduisent fréquemment à rien la réalité des bonheurs ?

II.

Un matin, le quinzième, depuis sa venue, ma chatte borgne n'est plus dans la paille de son panier qu'une maigre tache d'un noir terne et triste, pauvre forme plate d'où le souffle est parti. L'œil perdu a repris son aspect de blessure sèche et l'œil sain, demeuré ouvert, est semblable à du verre sale. L'étincelle est éteinte. Ce rien, qui vivait tout à l'heure et nous révérait, a dû naître uniquement pour faire l'expérience du malheur d'exister.

Plus inquiète qu'à l'ordinaire elle allait, cette nuit, de mes genoux au feu, frissonnante, s'approchant de la flamme jusqu'à se brûler. Sur le tard quand je l'ai portée dans son panier elle s'en est évadée, contre son habitude. J'ai entendu le bruit de ses griffes grattant obstinément la porte que je venais de fermer, et son miaulement désolé tandis que je m'éloignais. La solitude est dure à l'être qui se sent mourir. Il serait sage de regarder à toute heure ce qui vit autour de nous comme si on le voyait pour la dernière fois. Je regrette cette parcelle vivante du décor familier, cet œil unique qui me suivait avec reconnaissance, ce faible ronron dont la monotonie heureuse adoucissait l'atmosphère autour de mon travail.

Tout cela n'est plus qu'une chose malpropre que j'enveloppe d'un journal avant de l'enfouir dans la terre de la garrigue parmi les racines d'iris et sous les pins qui chantent au soleil, là où se dessèchent d'autres carcasses qui, vivantes, nous aimaient et méritèrent cette épitaphe :

Une bête qui meurt a droit au souvenir
Lorsque ses yeux ont mis avant de se ternir
Une lumière affectueuse en notre vie.
Et qu'on le nie ou qu'on l'avoue, en s'en allant
Elle nous a privé d'un accord consolant ;
Un peu de la douceur du foyer l'a suivie.

III.

Ma vieille chatte blanche et jaune et mon chat noir et blanc lissent leur collerette au bon du soleil ; visiblement rien ne les distraira de ce soin pendant tout le temps qu'ils ont décidé d'y consacrer.

Mon chien va et vient, en flaneur, des acanthes desséchées, le long du mur, au cyprès qui garde la porte de la cuisine. Il fait son profit du matin lumineux et ne veut pas voir plus loin que le circuit coutumier.

Ni les uns ni les autres n'ont pris garde à la mort de ma chatte borgne. Les chats ont à peine flairé la défunte avec un étonnement tranquille qui n'allait pas jusqu'à l'inquiétude. Le chien s'en est détourné d'un air détaché comme un archéologue s'éloigne des vitrines de minéralogie. Vivante et endolorie, ma chatte borgne éveillait dans ses yeux une lueur d'interrogation compatissante ; morte, elle n'est plus pour lui qu'un objet aussi peu digne d'attention qu'une pierre au bord de l'allée.

Cette sagesse ne nous est pas donnée. Nous faisons du spectacle de la mort la grande affaire de la vie. En même temps nous abhorrons dans ce spectacle l'évocation de notre propre anéantissement. De sorte que l'existence humaine serait une chose effroyable si nous pensions réellement à la mort toutes les fois que nous avons l'illusion d'y penser. Nous savons qu'elle nous accompagne assidûment et nous la regardons par instants. Mais ce n'est qu'un semblant de regard. Quelque chose nous la voile et nous commande d'agir comme si elle n'existait que pour autrui. Singulier état que le nôtre ! La bête, organisée pour ne se préoccuper de la mort que sous sa menace directe, vivrait dans une ataraxie délicieuse si nous n'étions là pour lui fournir les chagrins et les inquiétudes dont l'ensemble est la condition principale de toute vie.

IV.

J'ai toujours pensé que les Egyptiens de la période sacerdotale antérieure aux royautés militaires retenues par l'Histoire, étaient des gens plus éclairés que nous ne le sommes sur bien des choses appelées mystères.

Le peu que nous savons de ces prêtres, par leur grave et formidable architecture, nous fait sentir qu'ils avaient de l'Univers une idée plus élevée, plus vaste et plus synthétique que la nôtre. Leurs relations avec les Dieux devaient être effectives et non pas abstraites. Sans doute ils avaient pénétré bien des problèmes dont nous ne soupçonnons pas l'existence, nous qui, rêvant de communiquer avec les planètes, songeons sérieusement au même moment à retrouver le sens d'orientation intact chez les bêtes et qu'un développement excessif dans l'artifice nous a fait perdre ; nous qu'un courant venu d'on ne sait quelle puérile source entraîne vers de gauches apparences d'Au-delà. De sorte que nous avons l'air d'assigner comme but à notre civilisation la native intuition des premiers âges de l'humanité.

Les prêtres égyptiens n'avaient pas pour les bêtes l'indulgence dédaigneuse qui est notre manière la plus répandue de les aimer. Frappés par l'étrange proportion d'intelligible et d'impénétrable qui est en elles, ils les regardaient comme d'énigmatiques manifestations de la divinité. Aussi leur vouaient-ils un culte transmissible. Elles étaient en somme le véhicule animé, l'incorruptible et l'hermétique truchement de leur adoration. Le peuple, de vue infiniment plus courte, s'arrêtait au fétiche et voyait dans les animaux des bords du Nil autant de Dieux exorables ou cruels qu'il était prudent d'honorer.

Nos hypothèses ne sont pas mieux assises, mais ayant décidé qu'elles sont inattaquables, nous sommes en règle avec la raison. Du reste notre Panthéon est innombrable, car beaucoup d'entre nous se forgent un Dieu personnel dont ils ne font part à personne, parce qu'il leur serait difficile d'en préciser les contours ou seulement d'en indiquer l'essence. D'autres, las de heurter du front le mur de l'inconnaissable, situent leur divinité dans le perfectionnement humain, s'obligeant par là même à un effort de soi plus pénible, à coup sûr, que l'adoration quasi-mécanique d'un principe hors de toute atteinte des sens et de l'intelligence.

Je suis trop soucieux des convenances pour mettre en doute la supériorité de notre dictum religieux qui offre du moins l'avantage d'être multiple ; mais j'envie à la primitive Egypte le bénéfice d'émotion qu'elle retirait de sa zoolâtrie et je ne suis pas loin de penser que les bêtes sont en meilleurs termes que nous avec les Dieux.

Michelet, le plus profondément bon de nos grands écrivains, leur accorde même la survie dans un miséricordieux Infini, quand il écrit :

« ...L'animal souffre en ce monde, qu'importe ? Il ne doit attendre aucune compensation dans une vie supérieure... Ainsi il n'y aurait point de Dieu pour lui ; le père tendre de l'homme serait pour ce qui n'est pas homme un cruel tyran !... Créer des jouets, mais sensibles, des machines, mais souffrantes, des automates qui ne ressembleraient aux créatures supérieures que par la faculté d'endurer le mal !... Que la terre vous soit pesante, hommes durs qui avez pu avoir cette idée impie, qui portez une telle sentence sur tant de vies innocentes et douloureuses ! »

Ce sommet de la pitié écrase comme il convient la glaciale métaphysique cartésienne, au profit de la sacerdotale Egypte. J'en aurais pu faire l'exergue de ce petit livre ou le tenir en réserve pour m'assurer une élégante conclusion. On ne pense pas à tout.

D'où vient que les Egyptiens d'il y a six mille ans aient traversé mon esprit ? Est-ce pur hasard de disposition dans le kaléidoscope mental ? Non. Ces hasards ne se produisent que dans le sommeil. Dans l'état de veille, un accord de lignes, une fugace harmonie de couleurs, une parole, un son, une odeur, quelque flottant rappel d'une impression ancienne, conduisent le caprice de notre esprit. Je songe aux Egyptiens d'avant Menès parce que nous savons qu'ils faisaient aux chats des funérailles solennelles et coûteuses et les embaumaient avec piété comme s'il se fût agi du cadavre d'un proche.

Ma chatte borgne s'en va en moins grand apparat, mais la matinée de soleil l'effleure d'un souffle affectueux avant l'enfouissement et moi j'étends avec soin dans la terre le prétexte d'un livre que je n'aurais peut-être jamais écrit sans la venue de cette petite bête meurtrie, appelée par droit de naissance à courir au temps des nuits claires sous le regard bleu de la lune, et qui devient de la terre avant d'avoir connu cette volupté.

V.

Nulle part je n'ai utilisé la boutade de Mme de Staël : « J'ai plus aimé les bêtes à mesure que j'ai mieux connu les hommes. » Raillée des uns, invoquée par les autres, elle a l'aspect fripé d'une rengaine. Cependant j'en aurais volontiers pris texte, car les meilleurs axiomes sont des rengaines qu'on doit courageusement renouveler. Mais ma philosophie ne s'y reflète pas exactement.

La malignité et l'artifice qui font de l'homme la plus redoutable des bêtes n'empêchent point que les faibles et les spoliés ne soient en très grand nombre dans le cercle humain et ce serait tomber dans la détestable erreur d'une pitié particulariste que de distinguer entre les êtres sanctifiés par la souffrance.

A cet égard ma *Chatte borgne* est un symbole encore plus qu'un prétexte et j'aime à penser que personne ne s'y méprendra.

La masse admet l'injustice pourvu qu'elle rapporte et la cruauté pourvu qu'elle divertisse. Cela fait une accumulation de maux que les braves gens, en tout petit nombre, essaient d'adoucir. Pour exprimer le caractère décevant d'une telle entreprise les paraboles mythologiques du rocher de Sisyphe et du tonneau des Danaïdes sont faibles.

N'importe. Ne souffrons pas qu'on éborgne notre chatte par jeu. Evitons de l'éborgner nous-même par maladresse et si le voisin chasse la sienne parce qu'il lui a crevé l'œil, donnons à cette bête malheureuse l'asile et les soins qui sont dus à tout ce qui vit.

Chacun de nous est Dieu dans le rayon borné de ses actes et n'a qu'à traiter droitement ce qui vit à portée pour se libérer d'une part de responsabilité dans la chaotique distribution des injustes souffrances. C'est un résultat modeste. Mais si, par impossible, il se multipliait de proche en proche on atteindrait précisément ce bonheur universel dont on se presse de désespérer pour n'avoir point à s'efforcer de l'assurer.

Nimes, Décembre 1921 — Février 1922.

FIN DE LA CHATTE BORGNE
LA CHATTE BORGNE

TABLE DES MATIÈRES.

Achevé d'imprimer en Février 1923 par
L'IMPRIMERIE « LA LABORIEUSE »
(Association ouvrière)
10, Rue Emile-Jamais, 10
NIMES

Ouvrage tiré à 300 exemplaires

N° 160

www.ingramcontent.com/pod-product-compliance
Ingram Content Group UK Ltd.
Pitfield, Milton Keynes, MK11 3LW, UK
UKHW022109260726
13993UKWH00001B/415